PSIU

infinda

Adeilson Salles

edição revista e ampliada
CATANDUVA • SP • 2023

PSIU

SUMÁRIO

68 SEPARAÇÃO
69 DESBRAVADORES
70 "VILÕES"
71 RAIVA
72 DESESPERO
73 INTEGRIDADE
74 AMULETOS
75 MORTE
76 MATERIAL
77 SEMENTES
78 EDUCAR
79 DEUS
80 RÓTULOS
81 CONHECIMENTO
82 FUTURO
83 ÉTICA
84 DESCONFIANÇA

85 ESCOLA
86 MEDO
87 CURA
88 LUCIDEZ
89 SONHOS
90 RASCUNHOS
91 MÚSICA
92 IRRITABILIDADE
93 SUICÍDIO
94 RENÚNCIA
95 COMPAIXÃO
96 FÉ
97 VINGANÇA
98 LIMITAÇÕES
99 VAZIOS
100 INICIATIVA

PSIU

Psiu! É com você mesmo que estou falando!

Pare um momento e medite sobre as pequenas coisas que fazem grande diferença em sua vida. Toda situação tem dois lados, você já parou para pensar?

Sua imaginação fértil pode estar lhe causando enormes danos, por isso, pare e pense. Se for o caso, reveja sua postura.

Psiu... Não seja teimoso!

E se você estivesse no lugar daquela pessoa? O que faria?

Psiu... Olhe a vida com mais compreensão!

OUVIR

Sempre temos o que aprender com as pessoas.

Ouça primeiro, fale depois.

A precipitação ao falar nos remete a erros grosseiros.

Ouvir as pessoas exige educação e exercício.

O desejo de impor nosso ponto de vista faz com que percamos ótimas oportunidades de aprender.

Quando você fala, deseja ser ouvido, portanto, ouça primeiro, fale depois.

Ao ouvir com serenidade o interlocutor, seu argumento se fortalecerá e a razão estará do seu lado.

¡

VER

Quem só olha para a noite, jamais entenderá que as dificuldades são prenúncios de um novo dia.

Procure ver o melhor em todas as situações.

Valorizar o lado negativo de tudo é permanecer em situação desconfortável.

Os olhos também
precisam ser educados.

Os olhos são a porta
para o coração.

Ao deter a visão nas
piores coisas da vida, o
corpo adoece, a alma
fica em trevas.

Os olhos que se fixam
em situações edificantes
iluminam o coração,
fazendo brotar a semente
do amor e da sabedoria.

¡

FALAR

A razão não precisa do grito para se impor.

A fala desnuda o coração.

A voz vem carregada com as vibrações da nossa alma.

Module o tom da sua voz, eduque-se para que a paz se faça em ti.

Voz irritadiça: Alma impaciente.

O autocontrole da voz na conversa com o próximo é garantia de paz.

A boca é o alto-falante que reproduz o som do coração.

É melhor desligar o volume do que agredir alguém pela palavra infeliz.

¡

QUEIXA

Queixar-se é revelar antipatia ante os nãos que a vida nos dá.

A queixa é o odor desagradável da alma.

O queixoso ergue um muro de antipatia em suas relações sociais.

A queixa atrai as moscas do pessimismo que pululam na mente ingrata.

Todo queixoso é um ingrato em potencial.

As lamentações são reverberações do pessimismo que a alma acalenta.

A queixa, se repetida continuamente e inadvertidamente, pode se tornar um vício pernicioso para o coração infeliz.

Diante dos desafios da vida, calemos a queixa, uma enfermidade da alma.

EMPATIA

O homem que manifesta empatia em suas ações partilha e compreende estados emocionais alheios.

As pessoas empáticas são perfumadas de solidariedade e compreensão.

Quando saímos do nosso mundo para partilhar emocionalmente a nossa vida acolhendo os outros, ficamos impregnados de amor.

A empatia é um dos grandes poderes do homem sereno. Uma vez desenvolvida, permite ao ser humano experimentar estados genuínos de felicidade.

A simpatia nem sempre revela a empatia, mas toda pessoa empática é simpática, pois está de bem com a vida.

¡

GRATIDÃO

A gratidão é o amor que agradece.

Agradecer é a manifestação da alma consciente do quanto somos dependentes do amor de Deus. Não faltam motivos para sermos gratos à vida.

As pessoas à nossa volta, mesmo aquelas com as quais temos dificuldades.

O ar que respiramos, os requisitos fisiológicos normais.

A água que sacia a nossa sede, a mão que nos é estendida.

A morte que nos lembra do quanto devemos agradecer pela vida.

Agradecer a Deus por tudo e por todos é um refrigério em nosso coração.

¡

AMOR

O amor é tão complexo em sua essência que não se pode retê-lo, é preciso dar para ter.

Para ter amor é preciso dar amor.

É algo tão paradoxal, não dá pra ter sem que se dê. O amor é assim, só é possível enxergá-lo na felicidade das pessoas que amamos.

É loucura querer para si, pois o nosso não é nosso, é dos outros.

Só o amor que damos aos outros pode ser nosso.

O amor doado nos pertence, mas as pessoas não nos pertencem.

O amor vai nutrindo a nossa alma, vai nos dando o brilho da vida.

Quanto mais amor se dá, mais amor se tem.

¡

REAGIR

Reagir é postura perigosa quando se trata de relacionamento humano.

Reagir automaticamente aos estímulos menos felizes dos que transitam na faixa do destempero emocional é correr riscos desnecessários.

A reação imediata em termos de discussão revela despreparo emocional.

O bate-boca rouba
o discernimento.

Em situações como essas,
o ego fala mais alto e não
gostamos de ficar por baixo.

Quem reage não raciocina,
não elabora as ideias.

Preservar a própria paz
é conduta conveniente
aos que evitam reações
destemperadas.

Por maior que seja a ofensa,
nada é mais importante que
manter o seu equilíbrio.

¡

EXPECTATIVAS

Expectativas criadas,
frustrações esperadas.

Toda expectativa que criamos com relação aos outros é de nossa responsabilidade.

É perigoso para a saúde emocional de qualquer pessoa criar expectativas com relação a qualquer pessoa.

A grande maioria dos seres humanos alimenta o ideal de ter suas expectativas correspondidas.

Não importa quem seja a pessoa, um dia ela não corresponderá ao que se espera dela.

Somos todos aprendizes, e devemos cuidar para atendermos aos nossos próprios anseios.

¡

MUDANÇAS

Mudança é a vida que acontece.

Existem mudanças de todo tipo, de endereço, de calçada, de roupa...

Mas a metamorfose da vida é a mais espetacular de todas elas.

Não se prenda a nada transitório.

Um dia a vida muda tudo e todos de lugar. Não tema promover mudanças em sua vida, tenha coragem e mude.

Nesse exato momento a Terra está mudando de posição no espaço, ela gira sobre o próprio eixo e se desloca em translação.

As mudanças são necessárias, mas ai daquele que ficar preso no passado.

¡

PENSAMENTOS

Pensamentos são pedaços da vida elaborados em nossa mente.

Energia criativa, fomenta a paz, elabora a vida.

Vida saudável, mente educada.

O pensamento é determinante na qualidade de vida da criatura humana.

Assim como é preciso alfabetizar-se para a leitura, é preciso educar os pensamentos para uma vida feliz.

O pensamento é o portal de todas as potências da alma.

É no pensamento que as realizações principiam, é pelo pensamento que o fracasso se impõe.

DOENÇAS

Doenças são pausas para repensar a vida.

Não se desespere ante qualquer enfermidade.

Quando não temos tempo para viver saudavelmente, a vida nos oportunizará tempo para cuidar das enfermidades que surgirão.

O corpo físico é um veículo celular dirigido por um Espírito. E como qualquer veículo precisa de cuidados.

Deve-se evitar trafegar pelas estradas esburacadas do vício.

Devemos respeitar os limites de velocidade do corpo, a ansiedade é fator de risco. Doenças são defeitos que ocorrem quando não respeitamos a legislação da vida saudável.

AGIR

Agir sobre a própria vida é postura que revela maturidade.

São poucos os que agem segundo suas convicções. A grande maioria reage aos estímulos exteriores, positivos e negativos.

O estímulo pernicioso promovido pela pancadaria verbal alheia invariavelmente leva as pessoas a reagirem imediatamente no mesmo nível de agressividade.

Manter o equilíbrio ante o desequilíbrio alheio é para poucos.

A grande maioria responde aos desequilibrados com desequilíbrios.

O orgulho instiga a reação negativa e doentia.

A sabedoria promove a ação positiva e de sanidade.

¡

PAIS

Pais são heróis, pois têm um poder conferido por Deus.

Pais e mães são bússolas, pois são referências ideológicas para os filhos.

Existem pais e mães que carregam os filhos como tesouros em seus braços.

Os filhos são as joias da
alma de todas as mães
e de todos os pais.

Se os filhos são joias, as
mães são "porta-joias" de
Deus, pois, é no útero delas
que o Criador deposita suas
joias queridas, seus filhos.

Pais e mães, deem
brilho a essas joias que
lhes foram confiadas,
ame-as com sabedoria.

COITADO

Deus não criou coitados, mas filhos.

Adjetivo deprimente de se receber.

Segundo as leis que regem nossa vida somos todos responsáveis.

Todos nós recebemos
as oportunidades pelos
esforços empreendidos
ao longo de nossas
vidas sucessivas.

Não aceite esse rótulo!

Tenha dignidade e coragem.

O coitado é desprovido
de vontade.

Temos o que a nossa
vontade vem determinando
pelos séculos afora.

¡

CIÚME

O ciúme é tudo, menos amor.

O ciúme fragiliza quem o sente e entristece a quem se diz amar.

Relacionamentos pressupõem confiança.

Ciúme é sentimento enfermo, só pode ser curado pela confiança.

Ciúme é desejo de posse,
e desejo de posse é
desrespeito, desamor.

O sentimento de ciúme
caminha lado a lado com
a ausência de autoestima.

A mente enciumada
elabora o inferno para o
ciumento morar nele.

O ciúme asfixia o amor.

ESCOLHAS

Escolhas são decisões que têm a ver com as tendências da alma.

Todas as escolhas têm consequências, umas boas, outras más.

A vida é o resultado de todas as escolhas.

Podemos escolher o que desejarmos, mas seremos sempre responsáveis pelos resultados.

As escolhas são espelhos
nos quais nos mostramos
como somos.

Escolher é revelar
tendências, gostos
e desejos.

A vida é feita de escolhas,
optar por não escolher
já é uma escolha.

Ninguém é culpado, somos
todos responsáveis
pela vida que temos.

¡

TOLERÂNCIA

Tolerância é o domínio da contrariedade, uma vitória sobre si mesmo.

Não acredite que um dia as pessoas farão o que você deseja.

Ser tolerante é entender essa verdade da vida.

Cada ser humano
é um universo de
sonhos e desejos, de
virtudes e defeitos.

A tolerância é de
todos os credos.

A tolerância é esportista,
regozija-se na vitória,
resigna-se na derrota.

A tolerância não tem sexo.

A tolerância não tem cor.

A tolerância é para os fortes.

FILHOS

Filhos são pedaços da gente que andam pelo mundo.

Filhos não nos pertencem.

Filhos são individualidades
com ideias próprias,
sonhos próprios.

O tempo passa e eles
nos surpreendem.

Ontem perdíamos noites de sono protegendo-os em nosso colo. Amanhã, eles segurarão a nossa cabeça cansada pelo inexorável tempo que a todos abate.

Ontem os instruímos, mostrando os caminhos. Amanhã aprenderemos, sendo por eles conduzidos por rotas que não conseguíamos enxergar.

Os filhos um dia serão pais. Talvez pais de nós mesmos. Que maravilha é a vida!

CAPACIDADE

A sua capacidade tem o tamanho da sua vontade.

Capacidade todos têm; vontade nem tantos.

Quantos projetos idealizados por você ficaram pelo caminho?

Sua mente é fértil de realizações, mas seus atos não se coadunam com seus desejos.

O medo do fracasso e das críticas é um freio poderoso para suas aspirações.

Os grandes inventos que legaram progresso para a humanidade são o resultado de experiências fracassadas.

Muitas conquistas importantes nascem dos erros cometidos.

¡

SINCERIDADE

Diga não para o mundo e sim pra você.

Não dá para ser honesto com a vida, caso nos falte honestidade interior.

Dizer sim para o mundo e não pra si mesmo é viver infeliz.

Quando contrariamos nossa natureza íntima, nossas aspirações, experimentamos sentimentos conflitantes e infelizes.

É difícil ser autêntico, o preço é alto.

Vale a pena sentir-se bem em sua própria companhia.

O resultado dessa conduta honesta é a paz; o abandono das máscaras sociais.

¡

PROVOCAÇÕES

Provocações são convites ao desequilíbrio.

Diariamente as provocações nos buscam, como duro convite ao desequilíbrio.

O sentimento que deflagra o confronto é o orgulho ferido. Revidar as provocações é fácil, heroico é se manter em paz.

Em família os pequenos
incidentes surgem
desafiando a nossa paz.

No setor de trabalho
as disputas se acirram
comprometendo o equilíbrio.

A mídia em geral provoca
o homem perturbando
seu psiquismo com
imagens degradantes.

Seja qual for a provocação,
não aceite o agravo,
respire em clima de paz
e a paz se fará em você.

INVEJA

A inveja é a admiração vestida de lama.

O invejoso não vê a própria luz que ilumina sua alma.

Prefere fazer o papel da noite no amanhecer alheio.

O invejoso não é humilde, cobra humildade dos

que despontam, pois
não admite que o outro
faça melhor que ele.

A inveja nos afasta
mais e mais das
potencialidades da alma.

Um dos segredos da vida
é aceitar o êxito alheio
e aprender com ele.

Alguns brilham
naturalmente, outros ainda
não descobriram a própria
luz, nada além disso.

¡

FELICIDADE

A felicidade é um jeito de caminhar na vida, não é ponto de chegada, nem algum lugar geograficamente localizado.

A felicidade pode ter bilhões de explicações, assim como bilhões são as pessoas e suas razões.

Um copo com água é uma grande felicidade a quem caminha no deserto.

Um pedaço de pão é um manjar para o faminto.

A saúde um paraíso para o enfermo.

Para se experimentar a verdadeira felicidade é preciso manifestar gratidão. O ingrato nunca vai ser feliz.

Estar feliz é um estado de consciência, daqueles que reconhecem a transitoriedade da vida.

VOCÊ

Você é um belo presente que a vida me deu.

Não sei há quanto tempo não lhe digo isso, nem me recordo se disse um dia, mas agora vai: Você é um belo presente que a vida me deu.

Às vezes você me irrita dizendo coisas que não gosto de ouvir, mas quando não ouço a sua voz, sinto falta das suas verdades.

Sinto falta da sua presença, mesmo quando permanece calado(a).

Resolvi deixar o formalismo de lado para falar do bem enorme que você me faz.

Tenho medo de um dia ver você ir embora e ficar com a alma engasgada sem lhe dizer: Você é o mais belo presente que a vida me deu!

¡

CULPAR

Não existem culpados, somos todos responsáveis.

É sempre mais confortável culpar os outros.

A culpa é poderoso instrumento de manipulação emocional.

Avalie até que ponto
sua postura não está
atormentando alguém
que você diz amar.

Cada qual age conforme
seu estágio evolutivo.

Basta dessa prática cruel,
insulada durante séculos
por culturas manipuladoras.

Não procure culpados,
assuma seu papel na vida.

DIFICULDADES

Dificuldades são desafios, e não barreiras intransponíveis.

Alguns fazem das barreiras os degraus para a própria ascensão.

Outros recuam ante as dificuldades da vida.

Perceba que os obstáculos
que você já enfrentou em
sua vida fizeram de você
alguém muito mais forte.

Em outros momentos
você imaginou que não
conseguiria suportar
o peso das provas.

Todavia, em todos os
momentos difíceis,
você surgiu mais
forte e revigorado.

Dificuldades são vitaminas
para fortalecer a alma
nas provas da vida.

CORAGEM

Tenha coragem para voltar atrás quando errar, isso lhe garantirá a paz.

A palavra coragem nos remete a pensar em uma pessoa destemida, aquela que enfrenta tudo.

Muitos têm coragem para o mundo, mas covardia para si mesmos. Eis o desafio: enfrentar a si mesmo.

É preciso ter coragem
para ser autêntico.

É preciso ter coragem para
dizer não para o mundo,
e sim pra si mesmo.

É na intimidade da alma
que os grandes desafios
se estabelecem.

É preciso ter coragem
para admitir os erros
e pedir perdão.

É preciso ter coragem
para admitir as
próprias limitações.

¡

PAZ

A paz é o silêncio do amor.

A paz é o silêncio do amor em nossa alma. Ela está nas entrelinhas das atitudes de boa vontade, ela adoça a vida inquieta. Ela dá olhos pra que se contemple a beleza que apenas se vê em momentos de paz.

Eu pazeio

Tu pazeias

Ele pazeia

Nós pazeamos

Vós pazeais

Eles pazeiam

E todos nos amamos.

¡

REFLEXÃO

A reflexão é o momento de falar com a consciência.

É preciso conversar com a própria consciência, pois nessa entrevista ela nos fala sempre a verdade.

Assim como o corpo necessita de alimento, o Espírito precisa refletir sobre suas aspirações e frustrações.

Não existe convicção
imutável, tudo
muda na vida.

A vida precisa ser
questionada para ser
bem aproveitada.

No aparente desencontro
a vida nos envia recados
importantes.

A reflexão nos confere
sabedoria para viver.

TRABALHAR

O trabalho desenvolve as potencialidades da alma.

A Terra gira incansavelmente em torno do próprio eixo, levando a noite, trazendo o dia.

As células orgânicas se renovam num trabalho contínuo da vida se dando em nós.

A natureza é uma canção de exortação ao trabalho, tudo nela é movimento e dinâmica.

Somos convocados a cooperar na harmonia da vida produzindo o bem pelo trabalho.

A natureza nos remunera, ofertando-nos o exemplo de que trabalho é vida, portanto, trabalhar é viver.

ANSIEDADE

Ansiedade é criar expectativas, nem sempre atendidas.

Grande parte dos sofrimentos decorrem das decepções acerca das expectativas não atendidas.

A ansiedade não altera o que passou. Nem assegura o futuro! A ansiedade é um comportamento que nos torna infelizes hoje.

A ansiedade gera desconforto emocional e afeta a saúde. O remédio é viver um dia de cada vez.

O dia tem vinte e quatro horas.

São 86.400 segundos para se viver, viva toda essa riqueza de tempo com serenidade, caso contrário a enfermidade pode visitar você.

LIBERTAÇÃO

Liberte-se dos conceitos equivocados.

Assim como a natureza se renova em suas variadas manifestações, suas ideias devem se renovar.

Não olhe para as pessoas com o mesmo critério que você alimentava anos atrás.

As pessoas se modificam, como você também muda.

Liberte-se das algemas do passado, aquelas ideias sombrias sobre tudo e sobre todos.

Não esqueça que a cada um será dado conforme suas obras, e não cabe a você o julgamento de quem quer que seja.

Deixe a prisão do tempo e siga adiante com outros que também já se libertaram.

¡

JESUS

Ele é a luz do mundo, o farol nas noites escuras.

A humanidade procura templos para encontrar Jesus.

Jesus procura corações onde possa erguer o Reino de Deus.

Afastado dos corações simples por religiões que se dizem representantes do

Cristo, Jesus segue sendo a grande novidade nesses tempos de aturdimento.

Jesus é o caminho, a verdade e a vida, mas muitas pessoas se perdem nos descaminhos, na mentira e na morte das paixões.

Sua mensagem não se trata de uma religião a ser vivida, mas uma vivência libertadora a ser experimentada.

¡

SILÊNCIO

Silêncio! Estou falando comigo.

No silêncio que faço em mim a vida fala comigo.

O silêncio na prece é o amor que escuta.

Quanta coisa a vida nos fala no silêncio da mente.

Quando silenciamos os pensamentos ouvimos a voz de Deus.

O silêncio de uma criança pode ser um pedido de ajuda.

O silêncio entre os casais pode ser a despedida.

Existem silêncios que pedem falas, e falas que pedem silêncio.

¡

DESEJOS

Desejos são naturais, mas se todos fossem satisfeitos, que graça a vida teria?

Limitar os desejos é manifestar sabedoria para viver.

Quantos os desejos que alimentamos, que se fossem atendidos, nos fariam sofrer.

Não estamos preparados para ter atendidos os nossos desejos.

Desejos atendidos, novos desejos almejados.

O homem inteligente aprende a atender as suas necessidades, o invigilante, perde a vida esperando a realização dos seus desejos.

Ser feliz é ser comedido em seus desejos.

¡

VIDA

A vida é cíclica como as estações.

Em qual estação nossa vida se detém? No inverno da desesperança, no outono da renovação, no verão abrasador das angústias ou no desabrochar da vida em nova primavera?

À medida que a viagem da vida ocorre precisamos torná-la mais leve, abandonando os pesos desnecessários.

A caminhada precisa ser mais célere, portanto necessitamos apenas do essencial.

É preciso erguer a fronte em direção à luz, é urgente que sejamos nós mesmos, deixando de lado as máscaras emocionais para sustentar o insustentável.

CONFIANÇA

A confiança é o começo da vitória.

Sem a crença nos próprios projetos, o fracasso é certo.

Mantenha confiança na vida, dessa forma seus sonhos se tornarão realidade.

A argamassa que constrói seus sonhos tem como fermento principal a confiança.

Elabore seus planos sem se preocupar em demasia com o que pensam os outros.

O excesso de preocupação com os outros será o desmantelamento dos seus propósitos.

Quem muito consulta a opinião alheia não tem certeza do que quer.

Esforce-se e trabalhe, mantendo a confiança.

EU

Eu sou único em defeitos e virtudes, e me construo a cada dia.

Eu me entendo comigo, quando não quero mudar os outros.

Sou pequeno aprendiz de tudo que ainda não sei; e eu não sei nada. Meu peso tem o peso do bem que faço.

Minha importância
tem a importância do
amor que desperto.

Nada tenho a não ser
o bem que semeio.

Nada levarei comigo,
apenas o que conseguir
juntar em meu coração.

Um sopro chamado
morte é minha partida.

Deus se manifesta em
mim a cada bem que faço.

¡

ECONOMIA

Não economize sua vida, gaste-a amando.

Vida não pode ser economizada.

Amor não se guarda em cofres.

Amizade é para ser dividida.

Amigos devem ser multiplicados.

Caridade é para
ser distribuída.

Abraços devem
ser espalhados.

Trabalho, quanto
mais, melhor.

Família é o melhor
investimento.

Educação a mais
valiosa joia.

Gaste seu tempo
amando, pois a vida é
o tempo que se ama.

¡

REMORSO

Remorso é um convite da consciência para uma avaliação de atitudes e não uma condenação eterna.

A queda pode ocorrer quando se caminha, mas é imperioso, quando caídos, não nos identifiquemos com o chão.

O remorso é o chamado da consciência sobre o erro cometido.

O remorso é a azia da nossa mente que queima o coração. O primeiro passo para se livrar dessa azia mental é reparar o equívoco.

Caso não seja possível reparar imediatamente, sigamos em frente fazendo o melhor ao nosso alcance. Somos responsáveis por tudo que fizermos, a culpa permanece como remorso na alma de quem não aprendeu com o próprio erro.

AGRESSIVIDADE

A agressividade é a falta de razão falando.

Quando a agressão se manifesta, a razão se cala.

A inteligência é suprimida quando a agressividade procura se impor.

Os agressores são criaturas frágeis e necessitadas emocionalmente, pois tentam se impor radicalmente.

A agressão, sob qualquer forma, revela o primitivismo nas relações humanas.

A agressão é o resultado doentio do orgulho ofendido.

Todo agressor é orgulhoso, todo orgulhoso se revela um agressor.

A razão é humilde, pois convence sem agredir.

¡

PALAVRAS

As palavras são roupas que vestem os sentimentos.

As palavras vestem os sentimentos.

Cuide das palavras que pronuncia, pois elas têm o poder de salvar ou ferir.

Uma vez emitidas, carregam o teor das nossas mais íntimas vibrações.

Ditas com rigor podem ser
instrumentos da ordem.

Ditas com suavidade
revelam carinho e afeto.

Na verdade, as palavras
também são cores da alma,
pois colorem a vida do
espírito que as pronuncia.

Palavras de vida
tocam a música cujo
instrumento é o coração.

HISTÓRIAS

Escrever no coração das pessoas é jamais ser esquecido.

Existem histórias que ficam escritas em nosso coração.

No caderno do coração as histórias ficam marcadas.

O coração tem memória, registros de amor.

Não dá para escrever
no coração de quem
quer que seja sem a
pena do bem-querer.

Amar é escrever histórias
no coração das pessoas.

Escreva sempre, ame
cada vez mais.

No coração de Jesus está
escrito o nome e as histórias
da humanidade inteira.

¡

PRECIPITAÇÃO

Precipitação é a atitude intempestiva da alma descuidada.

Não julgue precipitadamente a quem quer que seja.

Mesmo nas situações mais urgentes, procure utilizar os óculos do tempo para melhor compreender as situações.

Antes de emitir
qualquer julgamento,
aguarde e reflita.

Toda situação tem vários
ângulos de visão.

Não se esqueça que
é sempre mais fácil
opinar quando se está
de fora da situação.

Colocar-se no lugar dos
outros é medida preventiva
e de bom senso, pois
garante mais justiça na
observação do próximo.

¡

ALEGRIA

A alegria é o amor que sorri.

A alegria é o amor que sorri.

Alegria é elixir que prolonga a vida, que enfeita a alma.

Nas lides profissionais, trabalhar no que se gosta é ter prazer no que se faz.

No enfrentamento da tristeza aprendemos a valorizar a alegria.

A alegria está em nós e não nas coisas, pois ser alegre é um jeito de caminhar na vida.

A alegria em nós perfuma de bom humor todas as pessoas à nossa volta.

A alegria, quando oriunda da paz de consciência, é energia renovadora.

¡

PRISÕES

Prisões mentais são grades invisíveis formadas por pensamentos viciosos.

Existem prisões nas quais nos mantemos voluntariamente.

As grades invisíveis dos pensamentos menos felizes torturam e fazem sofrer os corações imprudentes.

Não cultive nem alimente as ideias nocivas de vingança. Evite a repetição dos pensamentos agressivos.

A mente repetirá, sem cessar, as imagens menos felizes de situações desagradáveis, até que o coração resolva se libertar pelo perdão.

Mesmo experimentando a liberdade física, o homem pode permanecer voluntariamente encarcerado na prisão dos pensamentos ruins.

GENTILEZA

A gentileza é o perfume exalado pela alma nobre.

Os pequenos gestos de gentileza são os pequenos tijolos do edifício do amor e da paz.

A alma gentil erige em redor de si um mundo de alegrias doces e amorosidades.

Na prática da gentileza exercitamos o amor e o respeito ao próximo.

A gentileza é filha dileta da educação.

A alma gentil expressa nos pequenos gestos a alegria que lhe inunda o ser.

Um lugar cedido a alguém, uma porta que se abre, um sorriso afetuoso são pérolas de amor que distribuímos aos nossos semelhantes.

ESCUTAR

Escutar as pessoas é clara manifestação de sabedoria.

A sabedoria de escutar as pessoas é joia rara nos relacionamentos.

Poucos se dão conta de que no ouvir começa o sentir, o descobrir.

Os melhores projetos
começam na educação
de escutar.

Por pouco escutar um ao
outro, os relacionamentos
terminam.

Por muito escutar, as
lideranças se estabelecem.

Quem muito escuta,
muito apreende.

As pessoas estão ávidas
por alguém que as ouça.

¡

SERENIDADE

É no silêncio interior que ouvimos os anseios da nossa alma.

Uma das maiores dificuldades do homem é silenciar a gritaria mental.

Nos tempos atuais, com tantas preocupações, a inquietação mental gera ansiedade e desconforto.

Nada se constrói sem que a harmonia interior se estabeleça.

É preciso serenidade para decidir pelo melhor. É preciso calar os desejos para que a paz se estabeleça.

Se apenas o desejo for o nosso interlocutor íntimo, ele exigirá ser satisfeito. É preciso serenidade para ouvir a voz da lucidez.

¡

PERDOAR

Existem pessoas que preferem ser vítimas a enfrentar a vida.

Atitude que revela sabedoria antes de qualquer outra conotação.

O perdão é um ato de autolibertação.

Você foi prejudicado de fato, ou é o orgulho ferido que lhe imprime a posição de vítima?

Muitas pessoas preferem se manter como vítimas para incomodar quem se equivocou.

Perdoe e eleve-se!

A natureza a cada amanhecer nos brinda com nova oportunidade, independentemente dos erros que cometemos ontem.

¡

CEGUEIRA

Enxergar as virtudes alheias é sinal de visão espiritual.

O filho comunicou ao pai suas notas em oito disciplinas.

Sete notas altas, uma nota baixa.

O filho ficou de castigo, pois o pai só prestou atenção na nota baixa.

Não adiantou ter sete virtudes, pois o pai só enxergou o único defeito, mesmo passível de correção.

Enxergar virtude nas pessoas é prática pouco comum entre os homens.

Não existe situação em que não haja o que aprender.

Educar os olhos para ver a luz das pessoas é processo educativo para a alma.

ESPERANÇA

Esperança sempre, mesmo em meio à tempestade o sol voltará a brilhar.

Em determinados momentos da vida, olhamos para todos os lados e não vemos saída.

Nesses instantes a saída está na espera, no cultivo da paciência.

Quando as lágrimas forem torrenciais o melhor é se abrigar na prece, até que a chuva de dificuldades cesse.

Os ventos fortes da provação, os trovões da incompreensão, os raios da maldade irão passar se você tiver paciência.

A esperança se fundamenta com base na paciência.

Mantenha desfraldada a bandeira da esperança em seu coração.

¡

SOL

Acorde cedo e veja o sol, acorde tarde e perca a vida.

O sol brilha todos os dias, mesmo que o céu esteja cinza.

Nos embates da vida o sol da esperança nunca se esconde.

Caminhe sempre em direção à luz, não se detenha nos eclipses da dor.

Às vezes escurece, mas é a partir desse momento que aprendemos a valorizar a presença da luz.

O sol aquece e ilumina, assim como o amor é o sol das almas.

Quando a noite das dificuldades surgir em sua vida, espera e confia, o sol volta logo cedo trazendo novas oportunidades.

¡

REPREENSÃO

Repreender com gritos humilha e agrava a situação.

Gritos não educam, magoam.

Orientação não se faz com berros e xingamentos.

A ascendência conquistada pelo exemplo edificante facilita a instrução.

O desejo de orientar alguém deve estar nivelado com o respeito pelo semelhante.

A palavra que repreende deve estar carregada de carinho e respeito.

Dedo em riste e palavras agressivas são posturas inadequadas a quem deseja educar.

Educação com autoridade se conquista pelo exemplo.

¡

BRINCAR

Cuide da criança que há em você, para que nas horas mais difíceis ela possa brincar com você.

Dentro de cada um existe uma criança louca para brincar. Nas mais severas adversidades, quando tudo parece ruir em sua vida, evoque essa criança que está dentro de você.

Ela o ensinará a ver as coisas mais graves com olhos de compreensão.

Nas rupturas, nos embates, essa criança vai brincar com as pedras do caminho e ensinará você a construir novos castelos.

E depois de muito brincar ela vai dormir novamente, cuide desse ninar para que bons sonhos voltem a enfeitar seus dias.

Quando eu era criança, perdi muitas bolas de gude, fiquei triste e fui brincar outras brincadeiras.

¡

INQUIETAÇÃO

Inquietação é a desarmonia no coração.

Inquietar-se é dificultar a avaliação e o entendimento de qualquer situação.

Acalma e espera, pois toda inquietação é inútil.

Inquietar-se é criar dificuldades na solução de todo problema.

É importante acalmar o coração para que uma visão mais lúcida e serena possa nos conduzir em direção da paz.

A inquietação é o princípio da angústia.

A alma inquieta tem a visão limitada para realizar as suas escolhas.

Na origem de toda inquietação reside a ansiedade.

¡

SOLIDÃO

É na solidão que se pode conversar com a própria consciência.

A solidão é um meio para a libertação.

Há momentos em que, mesmo em meio à multidão, é importante ficar consigo mesmo.

As grandes decisões não
prescindem da solidão
que antecede a escolha.

É na solidão que
tagarelamos com
nosso coração.

Na solidão, nossos
pensamentos
conversam conosco.

Somos seres sociáveis,
mas a solidão propicia
encontrar a nós mesmos.

¡

CRIANÇAS

A criança é a prova de que Deus confia nos homens.

As crianças são sinceras e honestas, não falam coisas para agradar ninguém.

São simples e alegres, mesmo em momentos difíceis.

A criança conversa e brinca com os pássaros, espanta-se com a vida.

Preconceito é coisa de adulto que desaprendeu de brincar.

Toda criança traz em si a semente de um homem de bem.

Crianças são plantinhas frágeis que necessitam do adubo do amor e da educação.

O mundo precisa da humanidade das crianças.

¡

TRAVESSIA

A travessia é mais engrandecedora do que a chegada ou a partida.

A viagem é mais engrandecedora do que o destino.

Nada de ansiedade, mantenha a calma.

Mesmo que o percurso seja difícil, acalme-se.

A cada solavanco na viagem da vida, uma virtude nova se encaixa dentro da nossa alma.

A travessia é o desafio maior de qualquer viagem.

A travessia oferece o prazer das descobertas, do mundo, de si mesmo.

Venha, vamos em frente, na travessia você também encontra a felicidade.

INTOLERÂNCIA

Intolerância é a impaciência gerada pelo ignorante.

O intolerante não se apieda das fraquezas e limitações alheias.

Porta-se como intransigente, revelando azedume na alma.

O intolerante age sem se dar conta da tolerância que a vida tem para com ele.

Ser intolerante é faltar
com caridade para
com o semelhante.

Hoje ele erra, amanhã
erramos nós.

Na dinâmica da vida, cada
qual tem o seu dia de erros
e o seu dia de acertos.

Agir com intolerância
é promover o
desconforto na própria
alma, enrijecendo-se
na falta de paz.

¡

RESULTADOS

Novos resultados advêm de novas posturas diante da vida.

Para grandes resultados, grandes sacrifícios.

Não adianta ficar diante do mar, é preciso entrar nele para conhecer seus encantos.

Grandes sonhos, grandes lutas.

Renunciar a grandes coisas
é conquistar coisas maiores.

Bons resultados pedem
novas atitudes.

Mude, assim a vida
muda para você!

Novos percursos, novas
atitudes, e coragem
para mergulhar em
novos desafios.

Existem momentos que você
só tem a si mesmo para
desbravar novos rumos.

SOLIDARIEDADE

Solidariedade é o amor que abraça.

Lançar no solo da vida as sementes da solidariedade é ver brotar entre os homens o gérmen da família humana.

Por mais que os homens sejam independentes, a vida em sua logística nos mostra

uma interdependência
entre todos os seres.

Tudo se encadeia na criação.

Tudo é solidário na natureza.

Solidariedade é o nome
que se dá aos laços
invisíveis que unem os
corações de boa vontade.

Um homem solidário
abraça a humanidade.

¡

MEDIOCRIDADE

As mediocridades alegram os medíocres.

A inveja é inquietante, é ácido nos olhos do invejoso.

O egoísmo é medíocre, querer tudo para si é o coroamento da angústia.

Mesquinharias humanas, arrogâncias e desejo de posse.

Nos tempos atuais
temos que aprender
a ser solidários até
no banho diário.

Ao se banhar o homem deve
pensar em seu semelhante,
pois a água pode acabar.

A degradação ambiental
e a escassez dos recursos
naturais ainda irão nos
ensinar a dádiva do:
"amai-vos e respeitai-vos
uns aos outros".

¡

RETRATOS

Retratos são sentimentos congelados.

A vida às vezes cheira a bolor de saudade.

É o cheiro das fotografias velhas.

Os momentos registrados por trás de uma foto são pedaços da vida que passou.

As fotografias dão a
impressão que seguramos
nas mãos as pessoas
e as lembranças.

As pessoas mudam, as
lembranças ficam.

Viva amando o mais que
puder, assim as fotos dos
seus sentimentos ficarão
registradas em seu coração.

Fotos do passado são
sentimentos passados,
mas geram novos
sentimentos no presente.

¡

VELHICE

Velho é o conceito de olhar alguém pela idade cronológica do corpo.

A idade pesa para os ociosos.

O melhor elixir para a juventude é o trabalho.

A essência do ser humano é espiritual, por isso a idade cronológica é apenas um detalhe na história da sua vida imortal.

Cada ser humano é
um universo de lições
e aprendizado.

Desta forma, todos
têm sempre o que
aprender com todos.

Por mais improdutiva que
pareça uma existência, a
alma carrega histórias de
vida das mais preciosas.

Velhos são os vícios e a
ignorância humana.

COMÉRCIO

Sentimentos não são comercializáveis.

Sentimento não é moeda de troca.

Pessoas não são produtos perecíveis.

Na esteira de toda barganha emocional existe sempre algum enfermo.

Muitos comercializam atenção e carinho, pois o interesse pessoal norteia suas práticas afetivas.

Envolvimentos emocionais, pautados em atrações imediatistas, estão fadados ao fracasso.

Seja honesto o quanto possível em suas relações emocionais.

Não esqueça que responderemos pelos estelionatos emocionais praticados.

¡

SEPARAÇÃO

A separação é o não mais ver, ou o que poderia ter sido, por isso dói.

A separação dói muito, seja ela qual for.

Mas o que mais dói na gente é a certeza de que poderíamos ter feito mais.

Amado mais. Ajudado mais.

Ter tido mais paciência. Dito mais palavras de amor. Ter perdoado mais. Ter prestado mais atenção.

Separamo-nos das expectativas, do que poderia ter sido e não foi.

Separar é parar de esperar que os sonhos se realizem.

Então nos separamos para sonhar de novo, ter novas expectativas.

¡

DESBRAVADORES

Os educadores são desbravadores do saber.

O anseio pelas descobertas, pelas mais variadas formas de vida caracteriza um explorador.

Na busca por novos horizontes, o desbravamento acontece.

A educação quando chega à alma promove a melhoria da visão a respeito da vida.

O excluído é incluído.

O alfabetizado passa a viajar com o livro na mão.

A educação, quando chega, capacita o homem a se tornar um desbravador do saber, a penetrar novos mundos.

¡

"VILÕES"

Os super-heróis precisam dos vilões.

Quem na vida nunca se deparou com alguma pessoa que lhe criou dificuldades?

São pessoas especiais sem dúvida, se não fosse por elas, muitos sonhos não teriam se realizado. Sãos os vilões do bem, sempre prontos a testar nossas virtudes adquiridas.

Quando a dificuldade se apresenta por intermédio dessas pessoas, ficamos aborrecidos, mas o tempo nos faz refletir.

Sem esses vilões em nossa vida não desenvolveríamos os poderes do trabalho que nos levarão à vitória.

Os heróis não seriam os mesmos sem os vilões que nos fazem crescer.

RAIVA

A raiva é uma reação natural, inerente a todas as pessoas normais.

Sentir raiva é absolutamente normal.

Quem não sente raiva nos momentos de contrariedade revela graves problemas emocionais.

A raiva é sentimento natural entre as pessoas contrariadas, só não pode se transformar em sentimento cultivado.

Muitas pessoas entendem que a raiva deve ser banida dos seus relacionamentos, ledo engano.

A raiva começa com a contrariedade sob algum aspecto, absolutamente natural.

O que se deve evitar a todo custo é alimentar a alma de sentimentos infelizes.

A raiva deve cessar e a harmonia deve nutrir o espírito.

¡

DESEPERO

O desespero é a asfixia da razão.

O desespero funciona como uma asfixia emocional que só agrava os fatos.

O desespero não resolve o ontem, não elabora o futuro, o desespero torna o homem infeliz hoje.

Se você sofreu algum agravo, não responda, não revide, não agrida, não se desespere.

O desespero pode agravar a situação vendando a visão do desesperado, impedindo-lhe de observar uma saída.

Deixe que as horas ofereçam o remédio, deixe que o tempo ajude você a pensar para decidir.

Não se esqueça que não existe mal que não encontre remédio no amor.

¡

INTEGRIDADE

A integridade é o espelho do caráter.

Agir de maneira íntegra é dar as cores da honestidade a tudo que se faça.

Respeitar a vida. Respeitar o semelhante.

Dizer sim para o verdadeiro, não para o falso.

A pessoa íntegra se regozija com a justiça e sofre com as trapaças.

A pessoa íntegra é a mesma quando está sozinha.

O íntegro não usa máscaras e vernizes sociais, ele é sempre ele mesmo.

Integridade é postura natural para as pessoas honestas.

AMULETOS

Amuletos são bengalas psicológicas.

Amuletos são bengalas psicológicas que utilizamos para o nosso caminhar.

Nenhuma prática exterior imuniza o coração invigilante contra crendices.

A postura consciente, embasada no conhecimento, ergue o véu do desconhecido, explica o que antes pertencia ao reino do fantástico.

Quando se trata do lado espiritual da vida, tudo o que ligarmos no céu será ligado na Terra.

O pensamento positivo, pautado no amor e no desejo do bem, imuniza o coração contra os flagelos que o desconhecimento promove.

¡

MORTE

A morte é a mais sábia manifestação da natureza, pois nos torna iguais.

A certeza da morte nos impele a vida.

Pra que juntar tantos cacarecos se não pode carregar consigo?

Junte amigos, isso sim tem valor. Acumule

abraços e sorrisos. Não viva de maneira a ter que pedir sempre perdão.

Viva de tal forma que nenhuma ofensa lhe perturbe a paz.

Não mate a morte com a ilusão da tua vida egoísta. A aceitação desse acontecimento natural nos dá sabedoria e humildade.

A morte é um silencioso aviso de que devemos ser gratos pela vida a todo instante.

¡

MATERIAL

Aprender é o propósito e a essência da vida.

Escrevemos nossas lições no caderno chamado consciência.

Nosso lápis se chama atitude.

Os familiares e amigos são a caixa de lápis de cor.

A borracha é o perdão.

Nosso uniforme escolar
é o corpo físico.

A morte é o final de
mais um ano letivo.

A reencarnação é a
volta às aulas.

Um ano letivo é
uma existência.

Os problemas são as
provas escolares.

A melhor matéria é o amor.

SEMENTES

O gosto amargo do dia de hoje será a semente do seu sorriso amanhã.

Existem dias difíceis, dias em que o gosto amargo das decepções é o paladar da vida.

A mesma boca amarga será adocicada, pois as amarguras atuais são sementes para os risos futuros.

Não se detenha a lamentar as coisas amargas, elas vão passar.

Afaste-se o mais rápido que puder do passado.

Não se permita transitar no presente com a cabeça ancorada no passado.

As benesses da alegria vão brotar em sua vida, quando você plantar no coração as sementes da esperança.

EDUCAR

Educar é o amor ensinando.

O amor, quando ensina, tem o nome de educação.

Educar é lançar sementes de amor na alma das pessoas. Somos analfabetos das coisas da alma, ignorantes das verdades espirituais.

Os educadores libertam
os homens das gaiolas
da ignorância.

Abrem as portinholas
das gaiolas e dizem:
voem e vivam!

Apontam o horizonte que só
a educação pode apresentar.

A educação é o amor que
esclarece e orienta, quem
educa declara amor à alma.

DEUS

Deus é a inteligência das inteligências, a essência do amor.

Deus, a ciência Te combate porque não Te vê.

Os cientistas não sabem que só podemos ver Deus no laboratório do coração, nas experiências do amor.

Não preciso vê-Lo para acreditar em Sua presença, pois Ele está no brilho das estrelas, no sorriso de uma criança.

Os eruditos olham para o céu com o desejo de ver os mundos que a sua limitada inteligência permite.

O homem simples olha para o céu e se admira com a cor que ele tem.

O erudito quer ser Deus, o homem simples é feliz por ser filho do Criador.

¡

RÓTULOS

Existem pessoas rótulos e logomarcas.

Muitos podem ser definidos como grifes humanas, perdidos no consumismo.

Ao lançamento de qualquer novo produto tecnológico, as filas são enormes e nascem nas madrugadas.

Alienadas, as pessoas
trocam mãos por *mouse*,
uma conversa frente
a frente por *chat*.

Portam-se como
personagens de ficção
na vida real.

Pais falam com filhos,
morando na mesma casa,
por telefone celular.

Triste sina do homem que se
torna um produto à venda
na prateleira da solidão.

Abandone os rótulos e
busque a essência, aí
está a conexão.

¡

CONHECIMENTO

O conhecimento faz o homem sempre jovem, mesmo em plena velhice.

O conhecimento ajuda o homem a caminhar com sabedoria pela vida.

Refiro-me ao conhecimento espiritual, pois apenas o conhecimento acadêmico é insuficiente para gerar lucidez.

Conhecer a própria origem
e destinação na vida torna
a viagem mais agradável.

A ansiedade e o
destempero emocional
pelas coisas mesquinhas
revelam a limitação dos
conhecimentos sobre a vida.
É importante armazenar
conhecimentos para
lidar com os problemas
da vida com sabedoria.

A temperança é o
salário de quem adquire
conhecimentos sobre a vida.

¡

FUTURO

Hoje é o futuro aguardado no passado, amanhã será o futuro elaborado hoje.

Pela nossa limitação diante da vida, devemos ser gratos a todo instante pelos momentos vividos.

O dia seguinte já é futuro, o dia de hoje é a elaboração do amanhã.

Herdamos, no dia seguinte,
o salário do trabalho
realizado no dia anterior.

É um suceder de futuros
acontecendo nos dias
que se seguem.

Essa é a vida colorida
e consentida pela
bondade de Deus.

Cabe a nós indagar: O
que estou fazendo agora
para colher ainda esta
noite quando for dormir?

ÉTICA

A ética é o mais profundo respeito ao direito do próximo.

Amai-vos uns aos outros é o mais notável código de ética que a humanidade já viu.

A nossa consciência deve ser o código de ética para tratar o próximo.

Pautar a vida com dignidade
e respeito a toda forma
de vida é ética ecológica.

Respeitar as diferenças,
aceitando as limitações
alheias, é ética fraternal.

Ser caridoso, amando e
amparando sem impor
condição, é ética cristã.

O homem ético em
suas ações é perfeito
instrumento da
manifestação do bem.

A ética é o amor
que respeita.

DESCONFIANÇA

A desconfiança caracteriza o temor da alma em se portar com sinceridade.

Os desconfiados revelam insegurança e medo em seus relacionamentos.

Prevenção com respeito é comportamento inteligente.

Desconfiança pura e simples é medo de se expor.

A postura exageradamente desconfiada é um esconderijo do indivíduo inseguro.

Desconfiança pode ser o fruto de uma ideia preconcebida.

Os cuidados são medidas inteligentes nos relacionamentos interpessoais.

Todo mundo é inocente até que se prove o contrário.

¡

ESCOLA

Uma escola de muitos saberes, isso é a família.

Estamos na classe em que a vida nos matriculou para o melhor aprendizado.

Nossos colegas de classe são os nossos familiares.

Brigamos entre nós,
jogamos bolas de papel
uns nos outros, mas
amamos esses colegas.

Nas maiores lutas da vida,
o lar é sempre o aconchego
onde repousamos
nossa consciência.

A nossa casa é feita de
argamassa e tijolos.

O nosso lar é construído
pelos afetos e amores
em família.

MEDO

O medo é uma cela que encarcera nossos sonhos.

É hora de deixar de lado os mitos alimentados pelo medo que sentimos de pisar em falso numa nova travessia.

Nossa insegurança é uma cela, e o medo... um cadeado que nos tranca por dentro e nos faz esquecer como se sonha.

Pode acontecer uma vez ou outra que a falta de coragem seja mais forte e nos impeça de viver a beleza de querer novas experiências, de tocar o desconhecido, outro território nunca antes explorado.

São tantos os temores cultivados que terminamos por perder a espontaneidade até mesmo de se sorrir.

Sejamos destemidos para libertar os nossos sonhos.

CURA

Curar-se pelo próprio esforço é a cura verdadeira.

Muitos procuram a cura para seus males, poucos se dão conta de que devem ser médicos de si mesmos.

As patologias não surgem de uma hora para outra, são processos lentos, deflagrados primeiramente na alma, para depois eclodir no corpo físico.

Não adianta exaurir o corpo de exercícios físicos, quando os músculos do coração encontram-se enrijecidos pelo egoísmo.

O homem pode praticar a medicina preventiva em sua vida, cuidando do corpo, mas não se esquecendo de cuidar do espírito.

Flexões e orações, corridas e caridade, exercícios e solidariedade.

¡

LUCIDEZ

A lucidez é um farol na consciência que ilumina as decisões humanas.

A lucidez é uma conquista do homem sereno.

Sem lograr a educação dos sentimentos, o homem é um naufrago ao sabor das ondas da emoção.

Virtude conquistada após duras batalhas contra si mesmo, o homem lúcido sabe escolher e esperar o momento certo de agir ante as lutas do mundo.

A lucidez é para a razão a preciosa irmã que ajuda a discernir a ilusão da verdade.

¡

SONHOS

Tenha coragem de assumir seus sonhos!

Quem se torna dependente da opinião alheia para decidir os próprios passos nunca caminhará com a liberdade de pertencer a si mesmo.

Ouse sonhar, tenha coragem de buscar as coisas que tornam a sua vida mais consentida.

Muitas delas estão ao alcance de suas mãos, e seu coração pode até sentir o cheiro, mas o medo do tombo mantém você em estado cataléptico.

Enquanto isso, a vida passa, você não sofre, mas também não vive.

¡

RASCUNHOS

Sua vida não é um rascunho, escreva com sabedoria a sua história.

Escreva sua história de vida com sabedoria e amor.

Não perca seu tempo rascunhando sonhos impossíveis e perturbadores.

Às vezes nos enganamos nas escolhas, nesse caso, apague os escritos e volte a escrever sua história com dedicação.

O aprendizado na escrita da vida não prescinde da seriedade e do comprometimento.

Caso perca tempo rascunhando a sua vida, o tempo pode passar e não lhe permitir ir além do esboço.

Construa tudo com amor, e ao final da tua história a paz de consciência será o epílogo dessa jornada.

MÚSICA

A sua vida é uma música que você compõe a cada dia.

Você é uma bela canção composta por Deus.

Em sua alma todas as notas musicais são executadas pelo seu coração.

A partitura pode ser mudada a cada dia, é a você que cabe esse canto, essa melodia.

Mesmo nos piores
momentos da sua vida, não
perca a alegria de viver.

Se tu te tornas triste,
quem irá compor a nova
canção dos seus sonhos?

Mesmo desafinado, não
deixe de cantar o amor
que lhe vai na alma.

Em qualquer adversidade,
não esqueça, foi Deus
que compôs você.

IRRITABILIDADE

Irritação é uma coceira que dá nos nervos.

Irritar-se com qualquer bobagem é deflagrar processos de perturbação.

O irritado atrai para si vibrações enfermiças e Espíritos perturbados.

A irritação afeta todo o metabolismo do corpo humano.

Predispõe a criatura a processos obsessivos sutis.

A paciência é a solução para o combate à irritação. Não se irrite ao repetir a mesma pergunta a quem não o ouviu.

Mantenha a calma, caso contrário a irritação é a coceira dos nervos que pode esconder males maiores.

¡

SUICÍDIO

O suicida quer matar a sua dificuldade em suportar a dor.

O suicida não quer morrer, ele quer a morte da sua dor, quer matar sua dificuldade em não lidar com os nãos da vida.

O suicida se porta como uma criatura frágil e tresloucada, pois não tem coragem de enfrentar a vida.

O suicídio é porta falsa,
a maior desilusão para
os que desejam o fim
da própria existência.

Quem deseja morrer
deve vencer esse desejo,
mostrando ainda mais
coragem para viver.

A vida é um suceder de nãos
aos nossos desejos, por isso
é desafiador e nobre viver.

¡

RENÚNCIA

Renunciar é desenvolver poderes de vida.

Renunciar é sempre difícil, por nossa condição de criaturas egoístas.

Abrir mão de convicções, pessoas ou situações favoráveis é extremamente complicado. A renúncia desenvolve a capacidade do desapego.

Existem momentos
em nossa vida que
ficamos apegados a
situações que nos fazem
sofrer em demasia.

Abrir mão é sempre difícil,
mas em certas situações
e relacionamentos,
não há outra saída.

Renunciar para caminhar
mais leve, viver com
mais conforto emocional
é medida salutar.

¡

COMPAIXÃO

A compaixão é uma força desconhecida.

Só tem compaixão quem tem olhos de amor. Para muitos orgulhosos a compaixão é ato de covardia.

Não escarnecer os caídos é prática amorosa.

Estender a mão aos
equivocados é ato
de sabedoria.

Na vida, a posição das
pessoas varia conforme
as circunstâncias.

O equivocado de hoje
pode nos estender a
mão amanhã.

Diante da compaixão
de Deus para conosco
é importante que
tenhamos compaixão
para com o próximo.

¡

FÉ

Não limite seus sonhos.

É preciso colocar o adubo da fé em qualquer semeadura que se deseje fazer.

Não me refiro a ter fé de olhos fechados e mãos ociosas.

Sonhos pedem ações como trabalho e perseverança.

Todo projeto que começa limitado pela descrença em si mesmo não frutifica.

A fé é uma força que nasce na alma e mobiliza um conjunto de ações e esforços contínuos até a realização do objetivo.

Não se esqueça de que não há limites para quem acredita, esforça-se e trabalha.

VINGANÇA

Vingança é o coração em sombras.

Vingar-se é beber toda água do mar e seguir sentindo sede.

A desforra é o consolo dos que não sabem perdoar.

O ato de vingar-se é a comprovação de que correntes invisíveis mantêm acorrentados os corações em desequilíbrio.

O desejo de reparar o gravame com as próprias mãos une o agressor ao agredido.

É dormir com o desafeto e acordar com ele.

A vingança é um sentimento que causa cegueira na alma. O perdão permite enxergar o caminho.

¡

LIMITAÇÕES

Aceite suas limitações diante de algumas situações.

Deixe de lado as toneladas de culpa que você costuma carregar.

Esse desassossego interior revela que você já está no caminho da pacificação interior.

Aceite a sua humanidade e siga em frente, mas abandone as cargas emocionais às quais se apega há tanto tempo.

Diante das dificuldades em lidar com alguma situação, admita suas limitações e busque ajuda.

VAZIOS

Os vazios existenciais são precipícios dentro da nossa alma.

Qualquer pessoa ao nosso lado merece nosso olhar um pouco mais atento. Precisamos aprender a nos importar mais com o outro porque ao nosso lado pode estar se armando o último ato da vida de alguém.

É urgente estender a mão com palavras e ouvidos, mas também com silêncios, se o barulho da dor for ensurdecedor.

Precipícios emocionais se preenchem com abraços, com mensagens e compreensão.

Um olhar afetuoso, um grão de paciência, um pouco de atenção.

Pequenas atitudes preenchem corações à beira do abismo.

¡

INICIATIVA

O homem proativo faz a hora sem esperar que a vida aconteça.

Pessoas proativas são aquelas que não esperam o mundo mudar, e que mudam a si mesmas diante das dificuldades.

Muitos permanecem na calmaria da água parada e terminam por ver seus anseios pelo binóculo, cada vez mais distantes.

Para colher é preciso plantar; para ter saúde é preciso cuidar do corpo e do espírito.

Para sorrir é preciso ter paz, compreender que sem chuva não há floração.

Diante de toda situação que evidencie suas limitações, tome a iniciativa de mudar o caminho.

¡

PSIU

reflita! viva!

DADOS INTERNACIONAIS DE CATALOGAÇÃO NA PUBLICAÇÃO [CIP BRASIL]

S168p
SALLES, Adeilson [*1959].
Psiu! / Adeilson Salles. – Catanduva, SP: Infinda, 2023.
224 p. ; 7,5 × 11 × 1,3 cm

ISBN 978 85 92968 11 3

1. Autoconhecimento.
2. Desenvolvimento pessoal.
3. Emoções.
4. Psicologia.
5. Espiritualidade.

I. Salles, Adeilson, 1959–.
II. Título.

CDD 158.1 CDU 159.942

ÍNDICES PARA CATÁLOGO SISTEMÁTICO
1. Autoconhecimento
Desenvolvimento pessoal
Psicologia aplicada
158.1

EDIÇÕES

CEAC
1.ª–11.ª ed. | 2012–2018 | 37 mil exs.

INFINDA
1.ª edição
1.ª tiragem. | Abr/2021 | 5 mil exs.
2.ª tiragem. | Nov/2023 | 3 mil exs.

Impresso no Brasil
Printed in Brazil
Presita en Brazilo

PSIU

infinda

DIREITOS DE EDIÇÃO
Editora Infinda
[Organizações Candeia Ltda.]
CNPJ 03 784 317/0001-54
IE 260 136 150 118
R. Minas Gerais, 1520 • Vila Rodrigues
15 801-280 Catanduva SP
17 3524 9801 www.infinda.com

COLOFÃO

TÍTULO
Psiu!

AUTORIA
Adeilson Salles

EDIÇÃO
1.ª

TIRAGEM
2.ª

EDITORA
Infinda
[Catanduva SP]

ISBN
978 85 92968 11 3

PÁGINAS
224

TAMANHO MIOLO
7,5 × 11 cm

TAMANHO CAPA
7,5 × 11 × 1,3 cm
[orelhas 5 cm]

CAPA
Ary Dourado

REVISÃO
Beatriz Rocha

PROJETO GRÁFICO
Ary Dourado

DIAGRAMAÇÃO
Ary Dourado

COMPOSIÇÃO
Adobe InDesign
CC 19.0 x64
[Windows 10]

TIPOGRAFIA CAPA
Branding
[Light
SemilightItalic
SemiBold
MediumItalic]
[*by* Latinotype]
Acta Display
Light
[*by* Dhan Studio]

TIPOGRAFIA TEXTO PRINCIPAL
Branding SemiBold 11/12
[*by* Latinotype]

TIPOGRAFIA EPÍGRAFES
Arsilon 15/18
Arsilon Underlines 32/18
[*by* Dhan Studio]

TIPOGRAFIA TÍTULOS
Branding SemiBold 15/18
[*by* Latinotype]

TIPOGRAFIA FÓLIOS
Branding SemiLight 12/12
[*by* Latinotype]

TIPOGRAFIA DADOS
Branding SemiBold 8/10
Branding Bold 7/7
[*by* Latinotype]

TIPOGRAFIA COLOFÃO
Branding SemiBold 7/8
Branding Bold 7/7
[*by* Latinotype]

MANCHA
50 × 79,5 mm
19 linhas [sem fólio]

MARGENS
12,5 : 12,2 : 12,5 : 18,3 mm
[interna : superior : externa : inferior]
[sem fólio]

PAPEL MIOLO
ofsete Suzano Alta Alvura 75 g/m²

PAPEL CAPA
cartão Suzano Supremo Alta Alvura 250 g/m²

CORES MIOLO
2×2
Pantone 109U
Pantone 2035U

CORES CAPA
4×1
CMYK×Pantone 109U

TINTA MIOLO
ACTEGA Premiata

TINTA CAPA
ACTEGA Premiata

PRÉ-IMPRESSÃO
CTP SCREEN
PlateRite 8300S

PROVAS MIOLO
Epson Stylus
Pro 9880

PROVAS CAPA
Epson Stylus
Pro 4880

PRÉ-IMPRESSOR
Rettec
Artes Gráficas
[São Paulo SP]

IMPRESSÃO
processo ofsete

IMPRESSÃO MIOLO
Man Roland Rekord

IMPRESSÃO CAPA
Man Roland 704

ACABAMENTO MIOLO
cadernos de 32 pp.
costurados
e colados

ACABAMENTO CAPA
brochura
com orelhas
laminação
BOPP fosco
verniz UV brilho
com reserva

IMPRESSOR
Rettec
Artes Gráficas
[São Paulo SP]

TIRAGEM
3 mil exemplares

TIRAGEM ACUMULADA
45 mil exemplares

PRODUÇÃO
novembro de 2023

infinda

infinda.com
infinda
infindaeditora

FSC FLORESTAS PARA TODOS PARA SEMPRE

FSC www.fsc.org
MISTO
Papel | Apoiando o manejo florestal responsável
FSC® C103028

Ótimos livros podem mudar o mundo.
Livros impressos em papel certificado
FSC® de fato o mudam.